초판 인쇄	2021년 06월 25일
초판 발행	2021년 06월 30일

지음	NS영재연구원
펴낸이	이진곤
펴낸곳	씨앤톡
임프린트	리틀씨앤톡
출판등록	제 313-2003-00192호(2003년 5월 22일)
주소	경기도 파주시 문발로 405 제2출판단지 활자마을
전화	02-338-0092
팩스	02-338-0097
홈페이지	www.seentalk.co.kr
E-mail	seentalk@naver.com
ISBN	978-89-6098-720-3 74410
	978-89-6098-719-7 (세트)

- 저작권법에 의하여 한국 내에서 보호를 받는 저작물이므로 무단전재 및 복제를 금합니다.
- KC마크는 이 제품이 공통안전기준에 적합하였음을 의미합니다.

KC 모델명 | 쏙쏙 가로세로 수학 퍼즐 덧셈편 제조년월 | 2021. 06. 30. 제조자명 | 씨앤톡 제조국명 | 대한민국
주소 | 경기도 파주시 문발로 405 제2출판단지 활자마을 전화번호 | 02-338-0092 사용연령 | 7세 이상

리틀씨앤톡 은 씨앤톡 의 어린이 브랜드입니다.

단계별로 쏙쏙, 재밌게 풀어보는
사칙연산 퍼즐

➕ 수학은 모든 과목의 근간을 이루는 기초라고 합니다. 실제로 과학이나 공학 분야뿐만 아니라 사회의 여러 분야에서 수학이나 수학적 사고방식이 널리 사용되고 있습니다. 사칙연산은 이러한 수학의 기초입니다. 덧셈, 뺄셈, 곱셈, 나눗셈과 이들을 혼합한 계산 능력은 그야말로 기초 중에 기초입니다.

➖ 또한, 수학은 철저한 단계별 학습 과목입니다. 각 단계를 차례대로 익혀야 다음 단계의 학습이 가능합니다. 중간 단계를 생략하고 다음 단계의 학습을 하는 것이 불가능한 과목입니다. 사칙연산을 제대로 익히지 않으면 분수를 풀 수 없고 분수를 해결하지 못하면 방정식을 풀 수 없습니다. 기초가 부족하니 더 높은 단계의 수학을 학습할 수가 없습니다.

✖️ 지름길이 없다 보니 대부분의 수학 학습 과정은 억지로라도 많은 양의 계산 문제를 소화하게 합니다. 그래서 많은 아이들이 수학 과목을 매우 힘들어 합니다. 어떤 학생들은 본인의 수학적 자질이 뒤떨어지지 않음에도 일찌감치 수학을 포기하는 소위 '수포자'의 길로 들어서기도 합니다. 좀 더 잘 배우게 하려던 것이 오히려 역효과가 나는 것입니다.

➕ 문제를 많이 푸는 것도 중요합니다. 그렇지만 조금만 더 즐겁게 익힐 수 있으면 좋겠다는 바람으로 수학 단계 중 가장 기본이고 기초적인 사칙연산을 퍼즐로 만들었습니다. 한 식의 계산 결과가 다음 식에서는 문제로서 작용합니다. 풀이하는 방법도 다양할 수 있습니다. 교과과정을 벗어나지 않으면서 수학의 다양함을 경험하고 수학적 창의성을 발휘할 수 있도록 구성했습니다.

➖ 『쏙쏙 가로세로 수학 퍼즐』 시리즈는 수학 학습용 교재라기보다 수학에 대한 따분함과 어려움을 벗고, 생각하는 즐거움을 느낄 수 있도록 만든 책입니다. 차근차근 퍼즐을 풀면서 자연스레 사칙연산에 익숙해지고 그 원리를 익히게 될 것입니다. 또한 퍼즐의 답을 찾아가는 과정에서 단순한 계산 연습만으로는 얻을 수 없는 창의적 사고력이 발달할 것입니다. 이 시리즈를 통해 수학이 따분한 과목이 아니라 재미를 느낄 수 있는 친숙한 과목이 되면 좋겠습니다.

책의 특징

01 단순 계산 연습이 아닌, 스스로 푸는 방법을 찾아갈 수 있는 퍼즐로 사칙연산 문제를 구성했습니다.

02 어느 한 식의 결과가 다른 식에서는 계산 문제가 되도록 구성한 퍼즐입니다.

03 기초 수준의 간단한 문제부터 여러 숫자가 얽혀 있어 생각이 필요한 수준까지, 다양한 난이도로 구성했습니다.

04 획일적인 풀이가 아닌 다양한 방법으로 풀 수 있게 구성했습니다. 즉, 같은 문제라도 구해야 할 답이 어느 것이냐에 따라 풀이 방법이 달라집니다.

05 차근차근 풀다 보면 사칙연산의 계산 원리를 자연스레 습득할 수 있습니다. 따라서 한꺼번에 많이 풀기보다는 매일 조금씩 풀어보는 것이 효과적입니다.

※ '한 자리', '두 자리' 등의 표기는 '한 자리의 수', '두 자리의 수'를 의미합니다.

차례

머리말 • 4

책의 특징 • 6

1 한 자리 + 한 자리 (1) • 9

2 한 자리 + 한 자리 (2) • 29

3 한 자리 + 한 자리 + 한 자리 • 51

4 한 자리 + 두 자리, 두 자리 + 두 자리 • 83

정답 • 97

한 자리 + 한 자리 (1)

1~9에 1~9 더하기

1

난이도 ★★★

				1		
				+		
3	+	◯	=	4		1
				=		+
		1	+	◯	=	6
						=
						◯

2

난이도 ⭐⭐⭐

1	+	◯	=	2		
				+		
◯		7	+	1	=	◯
+				=		
1				◯		
=						
9	+	◯	=	10		

3　　　　　　　　　　　　　　　　　　난이도 ★☆☆

		2	+	5	=	○
				=		
		○		○		
		+		+		
○	+	2	=	3		
		=				
		4	+	2	=	○

4 난이도 ⭐☆☆

		3	+	2	=	◯
		◯				◯
		+				+
		2	+	◯	=	8
		=				=
◯	+	9	=	11		10

5

난이도 ★☆☆

		1	+	○	=	4
				+		
		○		3		
		+		=		
		3		○		
		=				
3	+	5	=	○		

6 난이도 ★★★

	7	+	○	=	10
			+		
	6		4		3
	+		=		+
	3		○		○
	=				=
○	+	○	=	12	11

7

난이도 ★☆☆

1	+	◯	=	5		
				+		
		◯	+	4	=	8
		+		=		
		3		◯		
		=				
◯	+	◯	=	11		

8

난이도 ★★★

8						
+						
◯	+	2	=	◯		
=				+		
12		◯	+	◯	=	13
				=		
				10		

9 난이도 ★☆☆

						○
						+
		○	+	1	=	6
		+				=
		2				11
		=				
○	+	○	=	12		

10 난이도 ★☆☆

5	+	○	=	9		
+						
○	+	3	=	○		
=				+		
10		○	+	5	=	14
				=		
				13		

11 난이도 ★★★

6	+	1	=	◯		
				+		
		◯	+	◯	=	12
		+		=		
		2		13		
		=				
		◯	+	◯	=	14

12　　　　　　　　　　　　　난이도 ★★☆

6	+	○	=	10		
+						
○	+	3	=	○		
=				+		
12		○	+	○	=	11
				=		
				15		

13

난이도 ★★★

1	+	○	=	8		
				+		
		○	+	○	=	14
		+		=		
		○		15		
		=				
		10				

14

난이도 ★★★

○		○	+	7	=	12
+						
7	+	2	=	○		
=				+		
11		○	+	○	=	13
				=		
				16		

15

난이도 ★☆☆

○	+	1	=	○		
				+		
8		○	+	8	=	10
+				=		
○				17		
=						
11		4	+	○	=	12

16

난이도 ★☆☆

8	+	○	=	13		
+						
○				6		
=				+		
16		○	+	○	=	15
				=		
				14		

17

난이도 ★★★

○	+	1	=	10		
+						
○		9	+	○	=	12
=						
11		5	+	○	=	14
○	+	4	=	13		

18 난이도 ★☆☆

		○				
		+				
○	+	9	=	16		9
		=				+
		15				○
						=
○	+	8	=	17		18

2

한 자리 + 한 자리 (2)

19　　　　　　　　　　　　　　　　난이도 ★☆☆

3	+	4	=	○		
				+		
○		○	+	2	=	3
+		+		=		
3		○	+	○	=	14
=		=				
○	+	6	=	14		

20

난이도 ★☆☆

		4				○
		+				+
○	+	○	=	7		4
+		=				=
4		9	+	○	=	10
=						
○	+	○	=	15		

21 난이도 ★☆☆

		2	+	3	=	◯
		+				+
◯	+	6	=	9		◯
+		=				=
◯	+	8	=	◯		13
=						
◯	+	8	=	12		

22

난이도 ★★☆

3	+	○	=	11		
+						
○		○	+	1	=	○
=		+				+
5	+	○	=	10		1
		=				=
		12				○

난이도 ★☆☆

		1	+	○	=	5
		+				
7	+	○	=	13		
+		=		=		
3		7	+	○	=	11
=				+		
○		○	+	9	=	16

24 난이도 ★★★

○	+	3	=	○		
		+		+		
5		○	+	○	=	14
+		=		=		
○		12		11		
=						
9	+	○	=	18		

25   난이도 ★★★

		5			○
		+			+
○		○	+	○	=	2
+		=		+		=
2	+	6	=	○		4
=				=		
11		○	+	○	=	17

26

난이도 ★★★

9	+	◯	=	13		
+		+				
◯		1		1		8
=		=		+		+
17		◯	+	◯	=	◯
				=		=
				3		15

27

난이도 ★★★

4	+	◯	=	12		
		+				
		◯	+	1	=	◯
		=		+		+
		14		◯		7
				=		=
7	+	◯	=	10		14

28

난이도 ★☆☆

		3	+	○	=	○
		+				+
1		○				4
+		=				=
○	+	8	=	16		8
=						
○	+	9	=	18		

29

난이도 ★☆☆

		◯	+	7	=	13
				+		
4		◯	+	◯	=	11
+		+		=		
◯	+	◯	=	12		
=		=				
7		15				

30

난이도 ⭐☆☆

○	+	4	=	6		
+				+		
3		1	+	○	=	○
=		+		=		
○	+	○	=	13		
		=				
		○	+	8	=	17

41

31

난이도 ★☆☆

2	+	1	=	◯		
				+		
4		4	+	◯	=	◯
+				=		+
◯		◯	+	6	=	◯
=						=
8	+	◯	=	17		15

32   난이도 ★★★

		1	+	◯	=	2
		+				
◯	+	◯	=	8		
+		=		+		
◯		4	+	◯	=	10
=				=		
7	+	◯	=	14		

33

		◯	+	1	=	6
				+		
2	+	2	=	◯		
+		+		=		
◯		6	+	◯	=	◯
=		=				
11		◯	+	4	=	◯

난이도 ★☆☆

34

난이도 ★★☆

		2	+	○	=	10
		+				
○	+	1	=	7		
+		=		+		
2		○	+	○	=	○
=				=		
8	+	○	=	16		

35 난이도 ★☆☆

2	+	○	=	5		
		+		+		
3		1	+	○	=	7
+		=		=		+
○	+	4	=	11		7
=						=
○		9	+	○	=	○

46

36 난이도 ★☆☆

		◯	+	1	=	◯
		+				+
3	+	◯	=	4		7
+		=				=
◯	+	6	=	12		◯
=						
◯	+	9	=	18		

37   난이도 ★☆☆

		2	+	◯	=	6
				+		+
7		◯	+	1	=	◯
+				=		=
◯	+	3	=	◯		10
=						
◯	+	8	=	17		

38   난이도 ★★☆

○	+	○	=	18		○
+						+
1	+	○	=	○		7
=		+		+		=
10		○	+	6	=	11
		=		=		
		13		15		

3

한 자리 + 한 자리 + 한 자리

39

난이도 ★★☆

◯	+	2	+	3	=	6
+						+
3		5			◯	1
+		+			+	+
5		◯	+	4	+	2	=	◯
=		+			=	+
◯		4			9	◯
		=				=
		12				14

40

난이도 ★★☆

$$3 + 1 + \bigcirc = 9$$

$$4 + \bigcirc + \bigcirc = 12$$

$$\bigcirc + 7 + \bigcirc = 21$$

(세로)
$$3 + \bigcirc + 6 = 11$$
$$1 + \bigcirc + 2 = \text{?}$$
$$\bigcirc + \bigcirc + 7 = 24$$

41 난이도 ★★☆

○			2		
+			+		
4	+	1	+	○	=	8
+		+		+		+
5		7		3		○
=		+		=		+
15		○	+	○	+	4	=	17
		=				=
		13				18

54

42

난이도 ★★★

		○						○
		+						+
3		2	+	○	+	5	=	9
+		+		+				+
7	+	5	+	○	=	20		9
+		=		+				=
○		10		9				22
=				=				
16				19				

43 난이도 ★★☆

		○	+	○	+	3	=	9
		+						+
○	+	1	+	1	=	8		2
+		+				+		+
3		3				8		○
+		=				+		=
○		7	+	○	+	○	=	16
=						=		
15						23		

44

난이도 ★★☆

1	+	6	+	3	=	◯		
+								
2		8	+	◯	+	3	=	17
+				+				
◯	+	◯	+	7	=	16		
=				+				
7		9	+	◯	+	◯	=	25
				=				
				20				

45

난이도 ★★☆

		6	+	4	+	○	=	19
		+						
5		○	+	5	+	7	=	○
+		+		+				
○	+	3	+	○	=	14		
+		=		+				
9		10		1				
=				=				
18		9	+	○	+	○	=	27

46

난이도 ★★★

○		1	+	7	+	○	=	16
+						+		
○	+	3	+	1	=	○		
+				+		+		
7		1	+	○	+	8	=	○
=				+		=		
17				5		24		
				=				
		○	+	8	+	3	=	13

47

난이도 ★★☆

5	+	○	+	1	=	11		
				+				
○	+	2	+	○	=	14		○
		+		+				+
		○	+	3	+	2	=	8
		+		=				+
		1		12				9
		=						=
3	+	○	+	○	=	14		26

48　　　　　　　　　　　　　　　　　　난이도 ★★☆

		1	+	5	+	○	=	11
		+						
○		○	+	3	+	8	=	○
+		+				+		
2	+	1	+	○	=	5		
+		=				+		
1		3	+	3	+	○	=	13
=						=		
9	+	○	+	3	=	20		

49 난이도 ★★☆

		○	+	3	+	4	=	16
		+		+				
5	+	○	+	○	=	15		○
+		+		+				+
○		2	+	3	+	1	=	○
+		=		=				+
2		16		○				6
=								=
9	+	○	+	6	=	21		15

50 난이도 ★★☆

1	+	◯	+	1	=	4		
		+						
◯	+	2	+	2	=	8		
+		+				+		
2		3	+	◯	+	6	=	17
+		=				+		
1		◯	+	5	+	◯	=	13
=						=		
◯	+	◯	+	1	=	15		

51 난이도 ★★☆

		9	+	○	+	1	=	11
		+						
○	+	○	+	2	=	18		○
=		+		+				+
1		1	+	○	+	1	=	3
+		=		+				+
2		19		○				1
+				=				=
○	+	7	+	6	=	17		10

52

난이도 ★★★

○		5	+	○	+	3	=	11
+				+				
○	+	4	+	2	=	7		
+		+		+		+		
7		○	+	○	+	8	=	19
=		+		=		+		
14		9	+	7	+	○	=	24
		=				=		
		22				23		

53 난이도 ★★☆

		2	+	3	+	○	=	○
		+				+		
○	+	○	+	3	=	8		
+		+		+		+		
4		7	+	○	+	7	=	17
+		=		+		=		
4		10		1		19		
=				=				
○		6	+	○	+	○	=	15

54

난이도 ★★★

○	+	○	+	2	=	6		
+						+		
1		1	+	3	+	○	=	10
+		+				+		
2		○	+	○	+	6	=	15
=		+				=		
5	+	○	+	8	=	18		
		=						
		14	=	○	+	6	+	5

55

난이도 ★★☆

○	+	4	+	5	=	12		
+				+				
2		4	+	○	+	2	=	○
+				+				+
○	+	8	+	1	=	○		7
=				=				+
6	+	○	+	7	=	16		○
								=
		9	+	○	+	4	=	21

56

난이도 ★★★

		○	+	○	+	4	=	12
		+						
3	+	○	+	7	=	13		2
+		+						+
○		1	+	○	+	5	=	8
+		=						+
1	+	8	+	○	=	17		○
=								=
9	+	○	+	9	=	26		12

57 난이도 ★★★

5	+	○	+	7	=	18		
+								
○	+	7	+	○	=	19		6
+		+		+				+
3	+	○	+	9	=	20		○
=		+		+				+
11		○	+	○	+	1	=	○
		=		=				=
		20		20				17

58

난이도 ★★☆

○		4	+	○	+	9	=	21
+								
6		3	+	○	+	1	=	5
+		+		+				
○	+	8	+	7	=	21		
=		+		+				
21		○	+	1	+	2	=	○
		=		=				
		16		○				

59

난이도 ★★☆

○	+	2	+	1	=	7		
		+				+		
○		5	+	9	+	○	=	21
+		+				+		
2		○	+	1	+	○	=	16
+		=				=		
2		15				21		
=								
8	+	○	+	9	=	21		

60

난이도 ★★☆

5	+	◯	+	4	=	14		
+		+		+				
9	+	9	+	◯	=	◯		6
+		+		+				+
1		5	+	1	+	◯	=	9
=		=		=				+
◯		◯		9				3
								=
		4	+	◯	+	8	=	◯

61

난이도 ★★★

4	+	○	+	4	=	13		5
		+						+
○	+	1	+	1	=	9		○
+		+		+				+
○		○	+	○	+	1	=	9
+		=		+				=
8		8	+	○	+	○	=	23
=				=				
23				16				

62

난이도 ★★★

		7	+	○	+	9	=	24
		+						
7	+	○	+	3	=	16		8
+		+		+				+
○		○	+	○	+	1	=	8
+		=		+				+
5		18		1				○
=				=				=
19		○	+	○	+	9	=	24

63

난이도 ★★☆

8	+	◯	+	3	=	19		
+		+						
◯		◯	+	1	+	◯	=	13
+		+		+		+		
9		9	+	◯	+	1	=	15
=		=		+		+		
26		25		1		4		
				=		=		
		9	+	◯	+	◯	=	25

64

난이도 ★★☆

		6	+	◯	+	5	=	18
				+				=
8	+	1	+	◯	=	13		3
+		+		+				+
◯		4	+	1	+	◯	=	6
+		+		=				+
5		4		12				◯
=		=						
18	=	◯	+	2	+	◯		

65

난이도 ★★★

○	+	5	+	6	=	17		
		+						
○	+	4	+	1	=	8		○
+		+		+		+		+
○		○		○		3		6
+		=		+		+		+
8		17	=	7	+	○	+	○
=				=		=		=
14				10		13		17

66

난이도 ★★☆

		○	+	4	+	4	=	16
		+		+				=
7		3	+	○	+	1	=	7
+		+		+		+		+
○		○		6		○		3
+		=		=		+		+
5		14		13		2		○
=						=		
19		2	+	1	+	8	=	○

67

난이도 ★★★

		8	+	1	+	○	=	17
		+		+				
6		○	+	2	+	3	=	○
+		+		+		+		+
○	+	4	+	○	=	7		4
+		=		=		+		+
○	+	16	=	5	+	○	+	○
=						=		=
14						14		20

68 난이도 ★★☆

4	+	○	+	8	=	20		
+						=		
2		3	+	1	+	○	=	12
+		+				+		
○		3	+	○	+	8	=	19
=		+				+		
10	=	○	+	2	+	○		
		=						
		○	=	2	+	○	+	3

81

한 자리 + 두 자리,
두 자리 + 두 자리

69

난이도 ★★★

○	+	27	=	28		
				+		
33		31	+	○	=	33
+				=		+
○	+	28	=	30		○
=						=
35	+	○	=	40		36

70

난이도 ★★★

41	+	◯	=	43		
		+		+		
25		29	+	◯	=	34
+		=		=		+
◯		31		48		◯
=						=
30	+	◯	=	36		42

71

21		◯	+	37	=	41
+				+		+
◯		44		◯		◯
=		+		=		=
30	+	◯	=	39		50
		=				
		53	+	◯	=	54

72 난이도 ★★★

36	+	◯	=	43		
+				+		
◯		45	+	◯	=	53
=		+		=		+
45	+	◯	=	51		◯
		=				=
◯	+	51	=	54		55

73 난이도 ★★☆

○	+	29	=	32		37
		+				+
35	+	○	=	44		○
+		=		+		=
○		38	+	○	=	41
=				=		
43	+	○	=	47		

74

난이도 ★★☆

45		◯	+	49	=	57
+						
◯	+	55	=	64		65
=		+				+
54	+	◯	=	60		◯
		=				=
		61	+	◯	=	68

75

난이도

35	+	○	=	42		
+				+		
○		52	+	○	=	61
=		+		=		+
43	+	○	=	51		○
		=				=
		60	+	○	=	69

76　　　　　　　　　　　　　　난이도 ★★☆

○		39	+	○	=	41
+						+
43	+	○	=	52		○
=		+		+		=
49		43	+	○	=	50
		=		+		
○	+	52	=	59		

77

난이도 ★★☆

66	+	◯	=	71		
				+		
◯		64	+	◯	=	70
+		+		=		+
73	+	◯	=	77		◯
=		=				=
82		68	+	◯	=	73

78

난이도 ★★☆

	56	+	◯	=	61
		+			+
58	+	◯	=	67	◯
+		=		+		=
◯		65	+	◯	=	70
=				=	
66	+	◯	=	72	

79 난이도 ★★★

○	+	11	=	22		
		+		+		
○		○	+	22	=	32
+		=		=		+
23	+	21	=	44		○
=						=
35	+	○	=	49		45

80 난이도 ★★★

33	+	◯	=	44		
		+				
◯		22	+	◯	=	40
+		=		+		
13		33	+	◯	=	50
=				=		
25	+	◯	=	35		

95

1

				1		
				+		
3	+	①	=	4		1
				=		+
		1	+	⑤	=	6
						=
						⑦

2

1	+	①	=	2		
				+		
⑧		7	+	1	=	⑧
+				=		
1				③		
=						
9	+	①	=	10		

3

		2	+	5	=	⑦
				=		
		②		②		
		+		+		
①	+	2	=	3		
		=				
		4	+	2	=	⑥

4

		3	+	2	=	⑤
		⑦				②
		+				+
		2	+	⑥	=	8
		=				=
②	+	9	=	11		10

98

5

		1	+	③	=	4
				+		
		②		3		
		+		=		
		3		⑥		
		=				
3	+	5	=	⑧		

6

		7	+	③	=	10
				+		
		6		4		3
		+		=		+
		3		⑦		⑧
		=				=
③	+	⑨	=	12		11

7

1	+	④	=	5		
				+		
		④	+	4	=	8
		+		=		
		3		⑨		
		=				
④	+	⑦	=	11		

8

8						
+						
④	+	2	=	⑥		
=				+		
12		⑨	+	④	=	13
				=		
				10		

9

						⑤
						+
		⑤	+	1	=	6
		+				=
		2				11
		=				
⑤	+	⑦	=	12		

10

5	+	④	=	9		
+						
⑤	+	3	=	⑧		
=				+		
10		⑨	+	5	=	14
				=		
				13		

11.

6	+	1	=	⑦		
				+		
		⑥	+	⑥	=	12
		+		=		
		2		13		
		=				
		⑧	+	⑥	=	14

12.

6	+	④	=	10		
+						
⑥	+	3	=	⑨		
=				+		
12		⑤	+	⑥	=	11
				=		
				15		

13.

1	+	⑦	=	8		
				+		
		⑦	+	⑦	=	14
		+		=		
		③		15		
		=				
		10				

14.

④		⑤	+	7	=	12
+						
7	+	2	=	⑨		
=				+		
11		⑥	+	⑦	=	13
				=		
				16		

15.

⑧	+	1	=	⑨		
				+		
8		②	+	8	=	10
+				=		
③				17		
=						
11		4	+	⑧	=	12

16.

8	+	⑤	=	13		
+						
⑧				6		
=				+		
16		⑦	+	⑧	=	15
				=		
				14		

17

⑨	+	1	=	10		
+						
②		9	+	③	=	12
=						
11		5	+	⑨	=	14
⑨	+	4	=	13		

18

		⑥				
		+				
⑦	+	9	=	16		9
		=				+
		15				⑨
						=
⑨	+	8	=	17		18

19

3	+	4	=	⑦		
				+		
⑤		①	+	2	=	3
+		+		=		
3		⑤	+	⑨	=	14
=		=				
⑧	+	6	=	14		

20

		4				⑥
		+				+
②	+	⑤	=	7		4
+		=				=
4		9	+	①	=	10
=						
⑥	+	⑨	=	15		

21

		2	+	3	=	⑤
		+				+
③	+	6	=	9		⑧
+		=				=
①	+	8	=	⑨		13
=						
④	+	8	=	12		

22

3	+	⑧	=	11		
+						
②		⑦	+	1	=	⑧
=		+				+
5	+	⑤	=	10		1
		=				=
		12				⑨

101

23

		1	+	④	=	5
		+				
7	+	⑥	=	13		
+		‖		‖		
3		7	+	④	=	11
‖				+		
⑩		⑦	+	9	=	16

24

③	+	3	=	⑥		
		+		+		
5		⑨	+	⑤	=	14
+		‖		‖		
④		12		11		
‖						
9	+	⑨	=	18		

25

		5				②
		+				+
⑨		①	+	①	=	2
+		‖		+		‖
2	+	6	=	⑧		4
‖				‖		
11		⑧	+	⑨	=	17

26

9	+	④	=	13		
+		+				
⑧		1		1		8
‖		‖		+		+
17		⑤	+	②	=	⑦
				‖		‖
				3		15

27

4	+	⑧	=	12		
		+				
		⑥	+	1	=	⑦
		‖		+		+
		14		⑨		7
				‖		‖
7	+	③	=	10		14

28

		3	+	①	=	④
		+				+
1		⑤				4
+		‖				‖
⑧	+	8	=	16		8
‖						
⑨	+	9	=	18		

29

		⑥	+	7	=	13
				+		
4		⑥	+	⑤	=	11
+		+		=		
③	+	⑨	=	12		
=		=				
7		15				

30

②	+	4	=	6		
+				+		
3		1	+	⑦	=	⑧
=		+		=		
⑤	+	⑧	=	13		
		=				
		⑨	+	8	=	17

31

2	+	1	=	③		
				+		
4		4	+	③	=	⑦
+				=		+
④		②	+	6	=	⑧
=						=
8	+	⑨	=	17		15

32

		1	+	①	=	2
				+		
⑤	+	③	=	8		
+		=		+		
②		4	+	⑥	=	10
=				=		
7	+	⑦	=	14		

33

		⑤	+	1	=	6
				+		
2	+	2	=	④		
+		+		=		
⑨		6	+	⑤	=	⑪
=		=				
11		⑧	+	4	=	⑫

34

		2	+	⑧	=	10
				+		
⑥	+	1	=	7		
+		=		+		
2		③	+	⑨	=	⑫
=				=		
8	+	⑧	=	16		

35

2	+	③	=	5		
		+		+		
3		1	+	⑥	=	7
+		=		=		+
⑦	+	4	=	11		7
=						=
⑩		9	+	⑤	=	⑭

36

		⑤	+	1	=	⑥
		+				+
3	+	①	=	4		7
+		=				=
⑥	+	6	=	12		⑬
=						
⑨	+	9	=	18		

37

		2	+	④	=	6
				+		+
7		③	+	1	=	④
+				=		=
②	+	3	=	⑤		10
=						
⑨	+	8	=	17		

38

⑨	+	⑨	=	18		④
+						+
1	+	⑧	=	⑨		7
=		+		+		=
10		⑤	+	6	=	11
		=		=		
		13		15		

39

①	+	2	+	3	=	6		
+						+		
3		5			①		1	
+		+			+		+	
5		③	+	4	+	2	=	⑨
=		+				=		+
⑨		4				9		④
		=						=
		12						14

40

		3	+	1	+	⑤	=	9
		+						+
4	+	②	+	⑥	=	12		⑧
		+		+				+
		6		1				7
		=		+				=
		11		2				24
				=				
⑤	+	7	+	⑨	=	21		

41

⑥				2		
+				+		
4	+	1	+	③	=	8
+		+		+		
5		7		3		⑥
=		+		=		+
15		⑤	+	⑧	+	4	=	17
		=				=
		13				18

42

	③					④
	+					+
3	2	+	②	+	5	=	9
+		+		+		+
7	+	5	+	⑧	=	20	9
+		=		+		=
⑥	10		9			22
=				=		
16				19		

43

		③	+	③	+	3	=	9
		+				+
⑥	+	1	+	1	=	8		2
+		+				+		+
3		3				8		⑤
+		=				+		=
⑥		7	+	②	+	⑦	=	16
=						=
15						23

44

1	+	6	+	3	=	⑩
+						
2		8	+	⑥	+	3	=	17
+				+		
④	+	⑤	+	7	=	16
=				+		
7		9	+	⑦	+	⑨	=	25
				=		
				20		

45

		6	+	4	+	⑨	=	19
		+				
5		①	+	5	+	7	=	⑬
+		+		+		
④	+	3	+	⑦	=	14
+		=		+		
9		10		1		
=				=		
18		9	+	⑬	+	⑤	=	27

46

⑥		1	+	7	+	⑧	=	16
+				+		
④	+	3	+	1	=	⑧
+				+		+
7		1	+	②	+	8	=	⑪
=				+		=
17				5		24
				=		
		②	+	8	+	3	=	13

47

5	+	⑤	+	1	=	11	
				+			
④	+	2	+	⑧	=	14	⑨
		+		+			+
		③	+	3	+	2	=	8
		+		=			+
		1		12			9
		=					=
3	+	⑥	+	⑤	=	14	26

48

		1	+	5	+	⑤	=	11
				+				
⑥		①	+	3	+	8	=	⑫
+		+				+		
2	+	1	+	②	=	5		
+		=				+		
1		3	+	3	+	⑦	=	13
=						=		
9	+	⑧	+	3	=	20		

49

		⑨	+	3	+	4	=	16
		+		+				
5	+	⑤	+	⑤	=	15		③
+		+		+				+
②		2		3	+	1	=	⑥
+		=		=				+
2		16		⑪				6
=								=
9	+	⑥	+	6	=	21		15

50

1	+	②	+	1	=	4		
		+						
④	+	2	+	2	=	8		
+		+				+		
2		3	+	⑧	+	6	=	17
+		=				+		
1		⑦	+	5	+	①	=	13
=						=		
⑦	+	⑦	+	1	=	15		

51

		9	+	①	+	1	=	11
		+						
⑦	+	⑨	+	2	=	18		⑥
=		+		+				+
1		1	+	①	+	1	=	3
+		=		+				+
2		19		③				1
+				=				=
④	+	7	+	6	=	17		10

52

⑥		5	+	③	+	3	=	11
+				+				
①	+	4	+	2	=	7		
+		+		+		+		
7		⑨	+	②	+	8	=	19
=		+		=		+		
14		9	+	7	+	⑧	=	24
		=				=		
		22				23		

53

	2	+	3	+	④	=	⑨	
	+				+			
④	+	①	+	3	=	8		
+		+		+		+		
4		7	+	③	+	7	=	17
+		=		+		=		
4		10		1		19		
=				=				
⑫		6	+	⑦	+	②	=	15

54

②	+	②	+	2	=	6	
+						+	
1		1	+	3	+	⑥	=	10
+		+				+	
2		⑧	+	①	+	6	=	15
=		+				=	
5	+	⑤	+	8	=	18	
		=					
		14	=	③	+	6	+	5

55

③	+	4	+	5	=	12	
+				+			
2		4	+	①	+	2	=	⑦
+				+			+
①	+	8	+	1	=	⑩		7
=				=			+
6	+	③	+	7	=	16		⑦
							=
		9	+	⑧	+	4	=	21

56

		④	+	④	+	4	=	12
		+						
3	+	③	+	7	=	13		2
+		+						+
⑤		1	+	②	+	5	=	8
+		=						+
1	+	8	+	⑧	=	17		②
=								=
9	+	⑧	+	9	=	26		12

57

5	+	⑥	+	7	=	18	
+							
③	+	7	+	⑨	=	19		6
+		+		+			+
3	+	⑧	+	9	=	20		③
=		+		+			+
11		⑤	+	②	+	1	=	⑧
		=		=			=
		20		20				17

58

⑨		4	+	⑧	+	9	=	21
+								
6		3	+	①	+	1	=	5
+		+		+				
⑥	+	8	+	7	=	21		
=		+		+				
21		⑤	+	1	+	2	=	⑧
		=		=				
		16		⑨				

59

④	+	2	+	1	=	7	
+		+				+	
④		5	+	9	+	⑦	=	21
+		+				+	
2		⑧	+	1	+	⑦	=	16
+		=				=	
2		15				21	
=							
8	+	④	+	9	=	21	

60

5	+	⑤	+	4	=	14	
+		+		+			
9	+	9	+	④	=	㉒		6
+		+		+			+
1		5	+	1	+	③	=	9
=		=		=			+
⑮		⑲		9			3
							=
		4	+	⑥	+	8	=	⑱

61

4	+	⑤	+	4	=	13		5
		+						+
⑦	+	1	+	1	=	9		⑨
+		+		+				+
⑧		②	+	⑥	+	1	=	9
+		=		+				=
8		8	+	⑨	+	⑥	=	23
=				=				
23				16				

62

		7	+	⑧	+	9	=	24
		+						
7	+	⑥	+	3	=	16		8
+		+		+				+
⑦	+	⑤	+	②	+	1	=	8
+		=		+				+
5		18		1				⑧
=				=				=
19		⑨	+	⑥	+	9	=	24

63

8	+	⑧	+	3	=	19	
+		+					
⑨		⑧	+	1	+	④	=	13
+		+		+		+	
9		9	+	⑤	+	1	=	15
=		=		+		+	
26		25		1		4	
				=		=	
		9	+	⑦	+	⑨	=	25

64

		6	+	⑦	+	5	=	18
				+				=
8	+	1	+	④	=	13		3
+		+		+				+
⑤		4	+	1	+	①	=	6
+		+		=				+
5		4		12				⑨
=		=						
18	=	⑨	+	2	+	⑦		

65

⑥	+	5	+	6	=	17	
		+					
③	+	4	+	1	=	8	③
+		+		+		+	+
③		⑧		②		3	6
+		=		+		+	+
8		17	=	7	+	②	+	⑧
=				=		=		=
14				10		13		17

66

	⑧	+	4	+	4	=	16
	+		+				=
7	3	+	③	+	1	=	7
+	+		+		+		+
⑦	③		6		⑤		3
+	=		=		+		+
5	14		13		2		⑥
=							=
19	2	+	1	+	8	=	⑪

67

	8	+	1	+	⑧	=	17
			+		+		
6	④	+	2	+	3	=	⑨
+	+		+		+		+
①	+	4	+	②	=	7	4
+		=		=		+	+
⑦	16	=	5	+	④	+	⑦
=					=		=
14					14		20

68

4	+	⑧	+	8	=	20	
+				=			
2		3	+	1	+	⑧	=	12
+		+				+	
④		3	+	⑧	+	8	=	19
=		+				+	
10	=	④	+	2	+	④	
		=					
		⑩	=	2	+	⑤	+	3

69

①	+	27	=	28		
				+		
33		31	+	②	=	33
+				=		+
②	+	28	=	30		③
=						=
35	+	⑤	=	40		36

70

41	+	②	=	43		
		+		+		
25		29	+	⑤	=	34
+		=		=		+
⑤		31		48		⑧
=						=
30	+	⑥	=	36		42

71

21		④	+	37	=	41
+				+		+
⑨		44		②		⑨
=		+		=		=
30	+	⑨	=	39		50
		=				
		53	+	①	=	54

72

36	+	⑦	=	43		
+				+		
⑨		45	+	⑧	=	53
=		+		=		+
45	+	⑥	=	51		②
		=				=
③	+	51	=	54		55

73

③	+	29	=	32		37
		+				+
35	+	⑨	=	44		④
+		=		+		=
⑧		38	+	③	=	41
=				=		
43	+	④	=	47		

74

45		⑧	+	49	=	57
+						
⑨	+	55	=	64		65
=		+				+
54	+	⑥	=	60		③
		=				=
		61	+	⑦	=	68

75

35	+	⑦	=	42		
+				+		
⑧		52	+	⑨	=	61
=		+		=		+
43	+	⑧	=	51		⑧
		=				=
		60	+	⑨	=	69

76

⑥		39	+	②	=	41
+						+
43	+	⑨	=	52		⑨
=		+		+		=
49		43	+	⑦	=	50
		=		+		
⑦	+	52	=	59		

77

66	+	⑤	=	71		
				+		
⑨		64	+	⑥	=	70
+		+		=		+
73	+	④	=	77		③
=		=				=
82		68	+	⑤	=	73

78

		56	+	⑤	=	61
		+				+
58	+	⑨	=	67		⑨
+		=		+		=
⑧		65	+	⑤	=	70
=				=		
66	+	⑥	=	72		

79

⑪	+	11	=	22		
		+		+		
⑫		⑩	+	22	=	32
+		=		=		+
23	+	21	=	44		⑬
=						=
35	+	⑭	=	49		45

80

33	+	⑪	=	44		
		+				
⑫		22	+	⑱	=	40
+		=		+		
13		33	+	⑰	=	50
=				=		
25	+	⑩	=	35		

111